日本当代文化思想译丛

许金龙 主编

现在，请选择宪法之魂

大江健三郎 / 奥平康弘 / 泽地久枝
三木睦子 / 小森阳一　著

崔世广 / 唐永亮 / 张建立　译

上海译文出版社

"日本当代文化思想译丛"序言

"我无法重新活一遍,可是/我们却能够重新活一遍"

许金龙

1945 年 8 月 15 日,日本四国岛一个被森林围拥着的小山村,成年人都聚集在村长家里收听天皇宣布战败的所谓"玉音",一个 10 岁的小小少年与他的同学们一道,在村长家的院子里收听同样内容的"玉音"广播,尽管听不清更听不懂那些拗口的内容。广播结束后,村长面色苍白地走出屋子,对院子里的小学生们凝重地说道:我们战败了,我们全都完了!然而,一位母亲却用坚定的口吻对她那年仅 10 岁的儿子说:"那只是他完了,你们却能够重新活一遍!"这位伟大的母亲是想告诉自己的儿子:发动侵略战争的日本帝国灭亡了,曾狂热支持那场战争的国民需要彻底摒弃头脑里的军国主义思想,否则将会冥顽不化地带着这种旧思想苦度残生。然而,指向未来的孩子们却有时间、有机会汲取长辈们的惨痛教训,在此基础上走向光明的未来,宛若重新活了一遍。

1

1946 年 11 月 3 日，日本颁布取代《大日本帝国宪法》(亦称《明治宪法》)的新宪法，确立了国民主权、基本人权以及和平主义的基本理念，规定不成立军队并放弃战争……翌年，日本颁布《教育基本法》，基于新宪法的精神，规定了教育机会均等和义务教育等内容。因着这个后来被称为和平宪法的新宪法，因着刚刚颁布的《教育基本法》，这个被母亲告知"能够重新活一遍"的家境贫寒的少年，侥幸躲过失学的厄运，从小学升入村里刚刚创建的新制中学，在这里第一次接触到有关民主主义的知识。再后来，这个少年升入东京大学并成为著名作家，开始在自己的诗歌、随笔和小说里改写战败那天母亲教导自己的那句话——"我无法重新活一遍，可是 / 我们却能够重新活一遍"，以此告诫他的读者，告诫日本的孩子们，要牢记历史教训，要珍惜战后和平，坚持走民主主义的和平发展之路！

这位当初的少年，就是诺贝尔文学奖获得者、日本著名作家大江健三郎先生。当然，在日本保守势力越发猖獗的当下，大江先生并非是在独自呐喊，至少在我们这个五卷本的译丛里，就有诸多贤达——井上厦、奥平康弘、泽地久枝、三木睦子、小森阳一、高桥哲哉、子安宣邦、目取真俊、松井茂记、外间守善、大田昌秀、石原昌家、村上有庆、谢花直美、小牧薰、坂本升——在与他一同呐喊：要和平，不要战争！要维宪，不准改宪！要民主主义，不要国家主义！

2

《冲绳札记》便是这种呐喊的产物之一，也是一部基于查阅大量史料并多次进行现场调查，作者借此反复追问、反省甚或自省的长篇随笔，揭露出二战末期冲绳当地民众集体自杀的人间惨剧，揭示造成这一惨剧的根本原因在于"自上而下的纵向构造"，也就是"天皇→日本军队→日军驻守冲绳的第 32 军→冲绳各岛屿守备队"这种纵向构造。同时，作者在这部长篇随笔中不断追问："日本"这个近代国家是如何形成的？近代化的结果让它在世界，特别在近邻诸国中是怎样的存在？它真的强大了吗？日本人真正吸取了战败的惨痛教训吗？大江先生进而自问："日本人是什么，能不能把自己变成不是那样的日本人的日本人。"① 在说到日军惨无人道地在冲绳一个小岛上胁迫冲绳民众集体自杀时，大江先生在 2009 年 10 月的一次讲演中这样表述：

"……村长三呼'天皇陛下万岁'，聚集的村民也随声附和。手榴弹引爆后仍然活着的人，则由家人代为绞首断头，一共死亡三百二十九人。此番强制集体自杀的行动，是由'天皇陛下万岁'这句话引发的，这种情形令我感到异常恐惧。

"因为，这句话当时也曾支配着我这个年仅 10 岁的日本山村少年的国家观、社会观和人类观。……倘若身处冲绳强制集体自杀的

---

① 大江健三郎著，陈言译《冲绳札记》，上海译文出版社 2016 年版，第 3 页。

现场，毫无疑问，我将成为奋起响应'天皇陛下万岁'的号召并引爆手榴弹自决的少年。此后，日本战败，在被占领两年后，我成为一名热情支持民主主义宪法的年轻人，站在与主张绝对天皇制的超国家主义截然相反的另一端。现在，我是由全国八千个市民团体组成的宪法'九条会'的一员，坚持和平宪法中的反战、非武装思想。……从我10岁那年的战败直至74岁的今天，在这六十多年里，我一直生活在其中。这种'时代精神'在我们国家的宪法里表现得尤为突出，是一种战败之后追求新生的时代精神。"①

大江先生在《冲绳札记》中所作的调查以及追问和自问，不可避免地冲撞到右翼势力的底线，尤其是"自由主义史观研究会"和"新历史教科书编撰会"这两个分别成立于1995年和1997年的右翼团体，他们原本就要"通过编写中学历史教科书向日本青少年灌输修正主义史观作为其战略"②，特意"把南京大屠杀、随军慰安妇（军队性暴力受害者）、冲绳战役概括为'侮辱日本国家和军队的名誉'的三件套"③，于2004年叫嚣要在"战败六十周年之际，揭开'冲绳战役集体自杀事件'的真相"④，于是策划和怂恿曾在冲绳担任守

---

① 大江健三郎著，熊淑娥译《来自"晚期工作"的现场》，《作家》2010年第8期，第5页。
② 董炳月著，《平成时代的小森阳一》，载《天皇的玉音放送》，三联书店2010年版，第181页。
③ 胡冬竹著，引自《南风窗》杂志社官方网站文化栏2009年3月11日之内容。
④ 陈言著，《代译后记　当内心的法庭遭遇世俗的法庭》，载《冲绳札记》，上海译文出版社2016年版，第198页。

备队长的梅泽裕少佐和另一个同为守备队长的赤松嘉次大尉的弟弟，于 2005 年 8 月 5 日提起诉讼，状告大江先生在《冲绳札记》中有关日军强令民众集体自杀的表述是"虚伪的事实"，进而以"名誉受到损毁"为由，要求该书的作者大江健三郎和出版商岩波书店停止发行，并赔偿二千万日元的精神损失费。在这场诉讼案的幕后，我们还可以看到日本文部科学省的身影。还是在前面说到的那场讲演中，面对莫言、朱天文、小森阳一、陈众议、彭小妍等作家和学者，大江先生这样说道：

> "图谋复活超国家主义的那些人士，企图将这幕由日本军队强制造成的集体自杀惨剧美化成为国殉死的义举。在他们策划的接二连三的事件中，就包括这起诉讼案。日本的文部科学省也参与其中，从高中生的教科书中删除这一历史事实的图谋已经公开化。我正为此奋力抗争。"①

其实早在 2001 年 4 月 3 日，文部科学省便宣布"自由主义史观研究会"和"新历史教科书编撰会"这两个右翼团体的头目藤冈信胜等人编撰的、严重歪曲史实的《新历史教科书》"检定合格"，更于

---

① 大江健三郎著，熊淑娥译《来自"晚期工作"的现场》，《作家》2010 年第 8 期，第 2 页。

2007 年 3 月"在审查高中历史教科书时，删去有关日军在冲绳战役中强制当地居民集体自杀的表述。在遭到冲绳十一万民众于当年 9 月 29 日举行大规模集会抗议后，仅仅将'强制'置换为'参与'这种暧昧的字眼。"[①] 这部经删改的教科书很快就被原告方作为证据出示在二审的法庭上，以表示文部科学省所代表的政府立场同样否定了集体自杀的真实性。

对于右翼势力这次志在必得的挑衅，大江先生在夫人的全力支持下勇敢地选择了战斗。面对对方庞大而豪华的律师阵容，大江先生丝毫没有怯阵，在"踏入法庭的那个瞬间，一股战斗的冲动突然溢满全身，觉得自己那时就是一个战士，一个渴望进行战斗的战士"，甚或如同《现在，请选择宪法之魂》作者之一的小森阳一教授曾对我说过的那样："毋宁说，这场诉讼官司正是大江先生所期盼的。因为，这样他就可以在这个万人瞩目的战场上进行战斗了！"这就是《冲绳札记》诉讼案的背景和由来。这场诉讼是大江健三郎及其出版商与右翼势力的正面较量，更是正义与邪恶的面对面的对决，《记录·冲绳"集体自杀"审判》从多角度记录了这场较量和对决，为我们进一步了解这场较量和对决提供了弥足珍贵的一手资料和公正的解读。

[①] 大江健三郎著，熊淑娥译《来自"晚期工作"的现场》，《作家》2010 年第 8 期，第 3 页。

　　不可忽视的是，右翼势力发起这场诉讼的更大目的，在于砍倒大江健三郎这杆民主主义的大旗，进而在"要成为正常国家"的幌子下全力修改宪法第九条（①日本国民衷心谋求基于正义与秩序的国际和平，永远放弃以国权发动的战争、武力威胁或武力行使作为解决国际争端的手段。②为达到前项目的，不保持陆海空军及其他战争力量，不承认国家的交战权），以此为复活国家主义甚或再走战争老路铺平道路。在当下这个危急时刻，日本该向何处去？人们该如何选择？记得在2015年8月8日，我前往大江先生位于成城的家中拜访时，先生语气凝重地对我说："在战后这七十年间，日本人拥有和平宪法，不进行战争，在亚洲内部坚定地走和平发展的道路，也就是说，我们一直在维护这部民主主义与和平主义的宪法。这其中最大的一个要素，就是有必要深刻反省日本如何存在于亚洲内部，包括反省那场战争，然后是面向和平……"的确，以加藤周一、大江健三郎、井上厦、小田实、奥平康弘、泽地久枝、三木睦子等"九条会"发起人和事务局长小森阳一等人为中心的和平力量从来没有，也不敢忘记自己的历史责任，他们借助《现在，请选择宪法之魂》一书作出了自己的选择，同时呼吁更多的日本民众勇敢地作出选择——请选择宪法第九条这个魂！请选择来之不易的和平生活！请选择通往光明未来的民主主义！他们在该书中无情揭露右翼势力图谋修改和平宪法第九条的种种恶行，指出安倍晋三试图挟持民意强行修改和平宪法，终将把日本拖入战争之路、死亡之路、毁灭之路。

同为"九条会"发起人的井上厦先生是日本著名剧作家、小说家和随笔家。先生出生于1934年，与大江先生一样，是战后第一批从小学直接升入新制中学的学生，当然也是新宪法和《教育基本法》的第一批受益者，民主主义氛围中的和平生活与战争期间的悲苦体验形成了鲜明对比，成为其日后拥护和平宪法、反战反核的起始点，也成为其诸多文学作品的底流。初演于1994年9月的戏剧《和爸爸在一起》当然也属于此类反战反核的代表作，为了让剧本体现出地道的广岛方言这一文体特色，出生于山形县的井上先生刻苦研读广岛方言辞典，成功地让饰演遭受原子弹轰炸的一对父女的演员，在舞台上用幽默的口吻讲述令人揪心的往日记忆和当下的日常生活，同时让观众在这种幽默和揪心之间深刻意识到，广岛是座流淌着几条大河的美丽城市，战争期间曾有多家军工厂在此大量生产各种武器，源源不断地送往中国等亚洲诸国，屠杀那里的人民，掠夺那里的财物，这里最终因此而招致了毁灭性打击——绰号为小男孩（Little Boy）的原子弹自天而降……

其实，井上先生与我任职的中国社会科学院外国文学研究所原本有一个计划，那就是由外文所邀请井上先生于2009年间对中国进行为期十五天的学术访问。在东京与井上先生讨论访华的日程安排时，先生首先提出，为了表示对自己所敬仰的鲁迅先生的敬意，希望在中国社会科学院的大会堂上演一台戏——《上海月亮》，还希望能邀请到莫言先生和铁凝女士等中国作家现场观摩，其次要去重庆调查日军无差别大轰炸的战争罪行，打算以此为题材创作戏剧作品……正当我们的接待准备工作顺利进展之际，却接到小松座剧团的传真，表示井上先生身体抱恙且日程繁忙，希望将访华日程顺延一年。再往后，也就是 2010 年 4 月 10 日，我得到了噩耗，说是前日夜间，井上先生因罹患癌症而于家中去世。呜呼，这世上再也没有井上厦先生，唯余未及在社科院上演的《上海月亮》和其他诸多戏剧作品留存人间。这次译文出版社将《和爸爸在一起》与《上海月亮》收入译丛之中，也算是在某种程度上慰藉了井上先生的遗愿。井上先生，您当可安息了！

译丛收入的《日本现代思想批判》是日本具有代表性的知识分子子安宣邦先生的重要著作，本书的译者赵京华教授在译序里告诉我们：子安宣邦的日本思想史批判有一条清晰的逻辑思路，那就是"在近代思维中思考近代"构成了战前战后日本知识话语的重要特征，而那个最关键的"近代性"本身却没有获得真正深入的反思。如果说，柳田国男民俗学有意遮蔽了现代民族国家的政治意图和实现途径，支那学有着与帝国日本殖民主义的东亚战略同步的意识形态性，而"近代的超克"论则是在大东亚战争激发下发出的超克"欧洲近代"的诳语，那么，战后对"超克"论的重新解读因对导致日本国家走向战争的根本依据之"近代"本身不曾做深刻的检讨和质疑，对柳田民俗学和支那学未能做出及时有效的反省，而暴露出日本现代知识话语的重大缺失。

赵京华教授认为，子安宣邦先生是在以日本思想史家的深邃眼光告诫人们注意：提倡"亚洲叙述"和东亚文化一体化时，不可忽视这一话语的历史性，要注意到 20 世纪前半期由日本提起的"东亚"概念的背景，更需要注意这个话语叙事与帝国日本及其殖民战争之间的深刻关系，尤其要警惕今天的"东亚"论不能重蹈覆辙，成为以某一国为中心的新的话语霸权。

"我无法重新活一遍，可是 / 我们却能够重新活一遍"！大江先生如是说。我们相信译丛的其他作者也在借助自己的文字表述着同样的意愿，我们期待诸多读者加入进来，站在大江先生等作者身后，以这句话语共勉，从而牢记历史教训，珍惜战后和平，坚持走民主主义的和平发展之路！

目 录

晋三，给你讲讲你祖父的那些事

三木睦子

大家好！我想，我与大多数人都是初次见面。今天承蒙这么多人来参加会议，非常感谢。我生长于旧时代，由于受到"女人站着说话不成体统"的时代教育，在家里虽然也有时会大声吵架，但来到这样的地方讲话并不习惯。如果听不清楚的话，请坐到前面来。

我下个月就 90 岁了。给大家这样的新时代的人们讲话，所讲的或许过于陈旧了。不仅仅是陈旧，也许还有不少不足的地方，请大家原谅。

今天，我来到这里是为了讲讲过去我的友人的事。以前，我们日本人发动过战争，大家离开故乡参加了战争。于是，无论如何必须实现和平，是我丈夫（三木武夫前首相）及其朋友的想法。

一旦积极主张和平，便会受到官方的注意，受到特高警察的跟踪。因此，也有摆脱了跟踪，半夜来到我家里，悄悄地吃点饭团子什么的，然后又消失在黑暗中的朋友。

但是，我觉得必须非常珍惜这些为数不多的、希望和平的朋友，所以尽量做到即使是半夜，也要赶紧搞点什么东西来让他们吃。实际上，辛苦地为和平而努力工作的人是很多的。

现在担任总理大臣的安倍晋三的祖父安倍宽，也是一个热心地主张和平的人。

在安倍晋三成为总理大臣后，马上出现了关于其出身的系谱，但是根本没有提到安倍家，写的全是其母亲的娘家的事，比如是岸家的外孙等等。对我来说，总觉得有点欠缺。不是应该反过来吗？因为是安倍（宽）的孙子，不是更应该多说些安倍（晋三）的父亲、祖父的事吗？

但是，报纸并没有写这些。之所以这样，我想可能是因为官方没有发表。报社的态度不是把事情搞清后再写，而是官方怎样发表就怎样来写。或许他们觉得安倍家已经不是其祖先，只有岸家作为其祖先与其堂堂相连。

但是，我与现在的安倍总理大臣的祖父很熟，关系很好。之所以如此，是因为他积极地主张和平。在日本全国各地，他都在诉说不应该进行这样的战争，必须和平。特高警察等一直在跟踪他，他一在演讲会上说些什么，警察就会大声喊"讲话人注意"，但是，他不管这些，仍然面向大众，拼命地诉说现在日本应该是怎样的。这样的安倍宽的形象，现在还浮现在我的脑海里。

他笔直高挑，有点偏瘦，但是很结实。安倍宽没有夫人。即便回到自己家里也没有人，所以有时夜里已经很晚了，一边说着"啊，肚子饿了，夫人，拜托"，就到我家里来了。一来到家里，三木便会马上去迎接。由于两个人可以谈论非战论，所以他经常到我家里来。他与三木两个人曾讨论过怎样才能不打仗，怎样才能避免那场战争。

从年龄上说，我与安倍宽差多少岁呢，或许差 20 岁左右。他说的话特别容易懂，听了优秀的安倍宽的话，觉得他是很了不起的人。因为觉得他说的很有道理，所以一直在认真地听。而且，想尽量预备点东西，如果明天他再来的话就让他吃。

之所以如此，是因为那时食品越来越少，很难搞到好吃的牛肉，新鲜的鱼也不那么好搞到手了。为了安倍宽，为了三木武夫，为了那些半夜来悄悄地吃些东西，然后又消失在黑暗中的人们，想尽量搞点有营养的东西。

由于我与他们在年龄上有不小差距，他们说的话虽然有些似懂非懂，但对他们所做的事还是有某种共鸣，我想为了表示敬意，至少应该想办法给他们搞点填肚子的东西，并为此付出了最大的努力。

安倍宽从来不说不好吃，吃完马上就说"走啦"，就又消失在黑暗中了。我一边在心里念着"辛苦啦"，一边说着"晚上见"、"明天见"等，将他送到门口。由于知道他是一个正气凛然、演讲出色的人，所以觉得安倍先生来的时候，应该在力所能及的范围内为他做些什么。

安倍宽是一个没有夫人，孤独地奔走于日本各地，努力为日本国民或为将来的日本而工作的人。他虽然是帝国议会的众议院议员，但在1942年的翼赞选举中，与三木一样不是得到翼赞政治体制协议会推荐当选的，是对当时军部主导的议会进行严厉批判的人。

对于这些，现在的报纸什么都不写。我非常气愤，但没有办法。希望报社的人写写这些——比如作为祖父的安倍宽是怎样的人，为了建立和平的日本付出了多少劳苦等等。

我认为给现在的我们创造了不知道战争、真正和平时代的，是安倍宽那样的人们，但是报纸对此一点也不提。我曾经想过，报社的人或许因为年轻什么也不知道，但为什么就没有人将这些告诉他们呢？但是，现在就连报社的社长或什么的，都是战后出生的年轻人吧。已经是战后六十年了，所以不久就要退休的人们在支配着报社。这样的话一点办法也没有。

我想尽量大声地讲讲安倍宽的事。但是，我那时也只是忙些家务事，并不知道安倍宽的实际政绩。但即便如此，我还是衷心想让大家了解那个人是用出色的语言，为了国民而主张和平的。

那真是一个形象相当出众的人。但比起他的形体外表，他的言行更令人佩服。他说话得体，而且绝不骄傲，每天不知疲倦地到日本各地诉说和平。安倍宽拼命诉说现在的这场战争不是日本应该进行的战争，必须争取和平的形象，我现在还能回想起来。

三木当时肯定也一起积极地参与了这些活动，但是如果想想早就去世的安倍宽，还是觉得非常遗憾。安倍宽的儿子（安倍晋太郎前外相）也已经去世了，尽管其孙子夺取天下成了总理大臣，但是他并不知道祖父的事吧。因为他当时还没有出生，这是当然的。正因为是当然的，所以即使是作为外人的我，如果不大声地给他说"安倍宽、安倍宽"的话，恐怕没有人会告诉他。我在心里一边回想着安倍宽的事，一边切实地感到必须将这些告诉他。

最近，我受大臣的邀请——不是安倍的邀请，那是什么大臣不清楚——要到首相官邸去，如果那时能顺利地见到安倍总理的话，我想对他说："晋三，给你讲讲你祖父的那些事。"

（2007 年 6 月 9 日，在"九条会"学习会上的致辞）

（崔世广 译）

这个国家是民主主义国家吗？

大江健三郎

"满腔热血赶过来了"

我想从自己在"九条会"听了三木睦子的铭刻于心的话谈起。在岩波小册子《宪法九条，开辟未来》的记录中，收录了三木睦子、加藤周一、小田实、井上厦这四位已经逝世的大人物在那天的全部讲话。

那是 2005 年 7 月 30 日在东京的有明体育场那样一个地方召开的讲演会。三木睦子的题目是"满腔热血赶过来了"，她从自己"是 88 岁的老太太……"开始讲演。虽然上了年纪，但那是具有勇敢态度的人的话，说出了打动人心的回忆。三木的话是从回顾战争爆发时的事开始的。

太平洋战争——虽然在我们的教育中被称为大东亚战争——是从 1941 年开始的,当时三木睦子应该是 24 岁。作为结了婚刚生了小孩的 24 岁的女性,在战争爆发时是怎样想的,三木对此有着明确的记忆。下面引用原话:

"说起那段战争期间,真是觉得很痛苦、很悲伤。在就要开始对美战争时,我怀孕了。考虑到这些孩子们将来要肩负日本而成长时,觉得无论经历怎样的痛苦,也必须阻止战争。能做到吗?能让弱小的孩子们承担战争这么大的责任吗?我一边这么想着,一边抚养着年幼的孩子。战祸蔓延到了整个日本,在不时落下来的燃烧弹底下,不可能抱着孩子逃跑。于是我把孩子放到婴儿车中,将其托付给年轻的女佣,说:'请带着孩子们到什么地方躲一躲吧,随后我去找你们。'"

我想大家知道燃烧弹这个词,燃烧弹是轰炸机投下的炸弹,里面装填着点火药和让火蔓延的药剂。我还记得，在孩提时代曾觉得燃烧弹很好玩。炸弹一落地，由于其冲击力而炸裂起火，然后大量的油开始燃烧起来，觉得这样的原理很有意思，但没想到其会烧死市民。

三木讲话的结尾是这样的：

"如果国民至少能真正和平地、相互连带地生活，即便不是大国也可以。我认为应该建立安宁的、和平的、快乐的世界。"

大家都知道，三木睦子是三木武夫前首相的夫人。在战前、战中、战后，一直站在从根本上来说是自由主义政治家的三木武夫身边，因此经历了困难的人生。

大家知道三木武夫前首相在首相任期内做过什么事吧？彻底查清田中角荣前首相与美国勾结的渎职事件，即洛克希德事件，从而导致其政权垮台，就是三木在任中所做的事情之一。

他就是这样致力于政治净化。另外，非常重要的是，他在

10

1976 年制定了日本的国防费不超过国民生产总值（GNP）百分之一的方针。

这个国防费不超过 GNP 百分之一的方针，在因爆发式经济景气带来 GNP 不断增长的过程中，对限制日本的防卫费增加发挥过怎样的效果呢？我想很多人对此都有记忆。三木首相通过阁议决定做出了这个重大决定。阁议决定在日本国会中的走势变得危险时具有很大的意义，我们当时从正面的意义上学到了这一点。

而且，那是自民党具有极其保守的本质，再加上保守的人拥有很人力量的时候。在那样的时候，三木成为自民党政权的首相，所以十分艰难。虽然经过斗争最终辞去首相的职务，但与这样的人在一起，一直协助丈夫并支撑其政治生活的，就是三木夫人。

而且，她虽然已经 88 岁了，仍发表了强有力的"满腔热血赶过来了"的讲话，并且直到去世，在我们"九条会"做了具有很大影响的工作。我最初想说的，就是不能忘记这样杰出的人。

民众的强烈意志

下面，逐个讲讲现在正在思考的特别紧急的事。

第一，确实是根本问题，那就是这个国家是民主主义国家吗？我想说的是，所谓民主主义是什么，我们今天应该重新进行思考。虽然一直在思考这个问题，但让我重新对此进行认真思考的契机，是（2012 年）9 月 15 日的报纸，以及十天后的 9 月 25 日以后的报纸。

安倍晋三在以前因病辞去首相职务时，就考虑过召开专家会议重新解释集体自卫权。这个曾经的首相明确表示，在能够再一次成为首相的自民党内发挥作用、修改宪法是自己的考虑。特别是关于集体自卫权的解释，必须尽快加以改变。也就是说，他明确表示必须将其改变为与现在的宪法第九条精神不同的东西。

那么，前面说的 9 月 15 日的报纸，我对其刊登的报道抱有很大的希望。野田佳彦政权在前一天即 9 月 14 日召开了能源·环境会议,决定了"到 2030 年代实现零核电目标"的新能源政策。这个报道便是关于"民主党野田政权制定了革新性的能源·环境政策"的报道。

在市民中间存在着"2030 年代太晚了"的意见,我也是期望再快些,如在十年、十五年后实现零核电。但是我认为,首先日本政府承诺"我们以实现零核电为目标",无论对国内还是世界来说,都具有很大的意义。而且,议员们发起了十五年后实现零核电的议员立法运动,我从议院外边也参加了这个运动。他们在先前的议会即将结束时,提出了"反核电法"。(虽然其后因众议院解散而成为了废案,但我在讲这番话的时候议案还在国会)

我对野田首相决定这样的新方针,充满了期待,并不是因为这是具有野田政权特色的想法而抱有希望,我们以前从野田那里学到了很多与这样的想法不同的东西。但即便如此,我还抱有希望,因为就连这个野田政权,也不得不制定新的能源战略,也就是说,我对存在着使他们不得不这样做的、作为民众力量的那种根本的东西

13

抱有希望。

也就是说存在着这样的现实，因为在这个方向上强烈地显示了民众的意志，野田首相也不得不发表"到 2030 年代零核电"的声明。而且，这种民众运动现在还在持续。作为有代表性的东西，是每周五包围首相官邸的示威游行，现在还在持续着。因为有这些，所以我抱有这样的希望：野田政权的承诺会变得更加确实吧，而且首先会成为阁议决定吧。

如果说这种希望本来就过于单纯的话，那就请重新看看我们现在的状况。发生了那样大的核电站事故，现在仍有超过十六万的人们不能回到自己的故乡而被迫避难。请看看这样的状况，一直看下去。

即使在政府实施的市民意见听证会上，或者看看政府征集的意见，支持零核电的人也占压倒性多数。而且，作为要求废止核能发电的人们的集会之一，我们召开了十几万人参加的大集会。人们是多么认真地来参加这样的集会的啊。

因为有这样的民众声音，政府只能采取新的战略。我认为，面对这样的非常明确的日本民众意志，野田政权也不得不说"以2030 年代零核能为目标"。于是，9 月 14 日决定了能源政策的新战略，在第二天的报纸上，明确地报道了这个决定。

这不是民主主义

但是，从第二天开始，国内以及国际上反对的声音也盛大地出现在了多种媒体上。对那样的占压倒性多数的市民意志，公然出现了强力反对的动向。

其中最大的力量是美国。美国有影响力的政治家们来到日本，他们异口同声地反对完全停止核能发电，要求继续采取与以前相同的核电政策。就是在欧洲，赞同这一点的势力也开始行动，这形成了很大的压力。

在我们国内，特别是经济界对此也一齐反对。报纸上刊登了经团联会长在电话中向首相所说的话。他说"难以同意"。也就是说，作为经济团体组织的会长，向一国的首相说"难以同意你们的根本政策"。

我们在集会上，能这样盛气凌人地向政府说"难以同意"吗？我们是以自己的意愿，将一点点零散的力量集结起来，然后将其作为大家的总体意愿，向政府提出的。关于我们所反对的核电，因为我们认为尤其是为了下一代的最为根本的大事，所以即便是一个核电站运行，我们也是反对的。但是，"经团联"这样一个大组织的会长，在电话里对首相说："对你所说的2030年代零核电这样的核能政策难以同意。"这是与政治实力派的、与市民们的意志相反的态度。他们面对极其多数而且基于个人的意志和意愿发言的总体，盛气凌人地说"难以同意"。这就是日本这个国家的现实。

野田政权最终没有将他们提倡的能源新政策付诸阁议决定。

这个阁议决定能发挥怎样的重要作用呢？为了有助于大家回忆，我在前面讲了三木内阁决定将防卫费限制在国民生产总值的百分之一以内的决定是发挥了怎样的重要作用的。我所说的是，面对政界、实业界以及官僚们的各种抵抗,它是怎样在长时期内得到保证的。因此,我期待野田内阁做出与此相同的具有有效性的阁议决定。

但是,面对市民们那样的压倒性的反对核电的声音,他们却一举将自己所提出的"废止核电"的新态度、新能源政策撤了下来。野田内阁不仅没有做出阁议决定,甚至最终都没有做出一个废止核电的政府公开声明,完全改变了原来的态度。这是我们从之后的报纸知道的。而且,野田首相现在仍然在执掌政权。

这是民主主义吗?我认为这不是民主主义。市民们怎样才能动摇这个不是民主主义的政府呢?其一,由选举打倒执政党是最好的方法,但是,现在在等着民主党失败的自民党也好不到哪去。正是他们,将一直想修改宪法的人选为了总裁。而且,正是他们的政府,负有将这个国家弄成全是核电的国家的责任。怎么能期待他们成立反核电的新政权呢?

在这样的时候,我们应该怎么办?我常识性地认为,我们只能一直表示我们的民主主义市民的意志。作为其一，现在召开这个"九条会"的大集会是非常重要的。我首先想说的是，在这里有这么多的市民来积极地参加，我很受鼓舞。

将冲绳的人们的话铭刻心中

刚才我说过"在现在这样的时刻，我们应该怎么办"，以前我一直信赖的、冲绳的优秀作家，最近很少见地在东京的报纸上发表了这样的谈话："我们今后应该怎样前进呢，根本不知道道路在哪里。"我受到了很大冲击。他以前总是在最艰苦的地方斗争，是具有丰富经验的人。他应该不是情绪性地、随便这么说说。就是这个人，在冲绳召开了超过十万人的市民大会后，面向公众发出了"现在，我们不知道应该怎样前进"的声音。现在，最深刻地铭刻于我心中的就是他的这句话。

另外，在同一份报纸上，有女性市民说："我们甚至有冲进美军基地、闯进美军基地的想法。"我觉得，在冲绳的报纸以及东京的报纸上，直面这样让人感到绝望的坚强知识分子的声音、市民的声音还是第一次。他们确实是不断举行着大规模游行示威。在本土难以想象的多数市民参加的集会上，特别是年轻人发出了确信民主主义的声音。这在现在仍在继续。但是，在这种声音震天的大规模集会之后的冲绳，经验丰富的知识分子以及女性市民们是这样低沉地在思考。我认为这实际上是非常重大的事情。

现在冲绳部署了美军的鱼鹰运输机，其续航能力强，可以搭载很多海军陆战队员，而且还想部署已被证明事故多发的直升机，刚才说的大规模集会就是为了反对此举而举行的。日本政府无视这个十万三千人的反对集会，同意在冲绳的美军使用鱼鹰运输机。政府的某个大臣非常坦率地说："我们对美国什么也不能说。"

这是自立的民主主义国家吗？虽然我们将此作为冲绳的问题摆在人们的面前，但这是我们全体的问题，我认为在我们现在思考宪法问题时，恰恰必须将该问题放在前面。

恰在这时，发生了极力挑起尖阁列岛（钓鱼岛）问题的动向。

东京都知事石原慎太郎是企图挑起这一问题的人物。而且现在，他手里攥着数量庞大的国民的捐款，还在说着好听的话，如"想在那些岛上为冲绳的渔民建设有关设施"等等。

假如那样，因为那是冲绳的土地，不是应该先考虑冲绳的人们的意愿吗？在提出东京都购买之前，最重要的是先问问冲绳县民吧。没有任何直接权利的政治家却说"由东京都来做"，或者说国家购买也可以，那就会成为国家的、国际的政治问题。而且，对中国做出的激烈反应，全体日本人都受到了很大冲击。但是，我们应该如何探索让这个政治家承担由他引起的这个事件的责任，制定现在整体日本人必须接受的解决方案呢？现在还看不到探索的动向。今后日本与中国或东亚的问题，真正迎来了前所未有的困难时期。我们必须认识到，我们将自己，特别是年轻人，推到了这样的境地。

冲绳与宪法

冲绳的事情，本来在日本制定新宪法时是最重要的问题，而且现在也是这样。战败的日本,想缔结《媾和条约》成为正常的国际社会的一员,为此日本制定了新宪法。制定了不进行战争、不拥有军备的第九条。在制定这些时,日本的市民们都认为这是超越了战争的痛苦经验的东西,日本宣誓希望和平、放弃军备,是对自己以及对日本周边遭受日本所带来痛苦的人们,显示作为日本人所能做出的最好的决断。虽然也有不少人认为那是占领军、美国强加给的东西,但日本广大市民是衷心期望这些的。尽管我当时还是孩子,但作为切实的接受者,是拥有自信能够提供证言的一代。

但是,时代发展到了冷战时代。为了保持对苏联的军事优势,美国政府认为日本没有军队不行。日本政府对此则加以追随。那怎么样呢?结果是剥离冲绳,将其置于美国的支配之下。而且,让其建立了亚洲最大的基地之一。这里还包含装载核武器的船只也能自由出入的秘密协议。关于这一点,下面将要讲话的泽地久枝花费很长时间,完成了出色的著作。也就是说,由于将冲绳从日本分割出去,建立了持续到现在的巨大基地,日本人才获得了和平宪法。

但是，冲绳的人们却为了日本国的和平宪法，被迫接受了这样的大基地，对美军部署新武器却什么也不能说，这就是与基地密切相关的大多数市民的生活。虽然事实是这样，但大家听到过直接批判吗？我经常到冲绳去，作为一个拥有朋友的人，也没有直接听到过。我一直在想，他们是尊重日本的宪法，而且希望日本人贯彻对和平的希求而生存下去的。

四十年前实行的归还冲绳施政权，说穿了不就是明治近代化开始时，所谓琉球处分那样的合并的重复，也就是再合并吗？再一次将日本的冲绳作为殖民地重新提供给美国作为基地，不是以此为目的的行为吗？当下的现实便是再次合并的结果，我所信赖的冲绳知识分子们，现在开始以这样新的认识对此展开评论。

我现在认为，那些担忧在冲绳部署鱼鹰运输机会引起大事故的人们所举行的大规模游行示威，与反核电的市民们大规模呼吁"不能第二次、第三次用放射线杀害日本人"，这两件事在宪法中都具有充分的根据。我相信，为了将现在以及将来的日本民主主义发展下去，我们向所有国家显示坚决保卫现在拥有的而且一直拥有下去的宪法的最好核心，即第九条第一项、第二项的意志，是最重要的事情。我认为，无论如何有必要在现在这个国家二重、三重的危机中，将这个问题作为我们的问题，进而作为下一代的问题进行重新把握。

我抱着征求一下生存于我们记忆中的三木睦子的意见的想法，讲了上面这些话。

（崔世广 译）

现在亲自来选一次宪法的灵魂

奥平康弘

"空虚的理想论"

"空虚的理想论"是在一篇小文章中出现过的一个词。简而言之，在该文中两次谈到"非武装中立论"在充满着纷争的国际形势中，如同极易消融的雪花，很快消寂，归于虚空。

我斗胆反驳该文的作者。

我非常关注这篇得出"非武装中立论"如极易消融的雪花归于虚空这一结论的论文。我知道也有其他人持这一观点，而此文出自素有"知识巨匠"之称的著名评论家寺岛实郎之手。这位仁兄在《世界》杂志的连载中横跨多个学科领域纵横分析，其中刊于2012

年第 6 期的评论文章就是我刚才提到的、想要作为问题来分析的文章。

现今，核电站的存废问题是最大的争论焦点之一，而始终坚持和平利用原则下的核电基础技术的研发和积累才是重中之重，现在马上着手取消核电是不现实的。在围绕上述问题的叙述中出现了如下一段话，让我颇受刺激。

寺岛先生说："我感觉许多'脱核电'论调及'非武装中立论'中都蕴含着虚弱感。在战败国日本，立足于深刻的反省，出于'不想再次被卷入战争'的想法提出了'非武装中立'……"这个"非武装中立"不是我创造出来的，而是他使用过的词汇。

"非武装中立"抑或"反对再军备的和平主义"提出时，我们正处于学生时代，这一时期"再军备"是让人非常警觉的词汇，所以将其加入进来创造出了后者。为了表达绝对不要战争、绝对不拿武器的和平主义含义，采用了具有宏大视野的"非武装中立"一词，这是我不甚成熟的想法。

这一不甚成熟的词汇，又因寺岛实郎 2012 年的这篇小论文而再次引起世人关注。然而，在他看来，"非武装中立"与脱核电一样羸弱无力。

"也有人怀着'不想再次被卷入战争'的想法而希求'非武装中立'，这是可以理解的。但是，严峻的国际环境使这种想法瞬间化为虚空的理想论。我们需要的是多重的强韧的构想力。"寺岛先生认为，这个"非武装中立"最终只不过是瞬间消逝的空虚的理想论，与之相同，脱核电大概也是一种空虚的理想论。此番话给了我相当大的冲击。

我以及"九条会"的其他成员，现在并不使用"非武装中立"一类口号性的词汇，而是使用"非战和平主义"或"无武装和平主义"来概括宪法第九条的精髓。

可以说，"非武装"未必是重点所在，因为"九条会"是由当时一些认为日本可以拥有自卫权，但仅限于自卫而绝不能对外使用，不能发动战争（非战）的人组成的，历经坎坷发展至今，虽然还不能认为"九条会＝非武装中立",但归根结底第九条的灵魂确实蕴含于此句话中。

寺岛实郎将"非武装中立"称为"大概会瞬间化为空虚的毫无用处之物",这是与"九条会"的那段历史结合起来发出的感慨,但归根结底,在相当程度上是认为它已经成为历史。

把握第九条的灵魂

总之,在六十年的发展历程中,被"非武装中立"、"反对再军备的和平主义"抑或"非战和平主义"等诸多词汇概括的第九条,应该说其中包含着经历过何种斗争,甚至这种斗争不停不休等多种多样的问题。

众所周知,几乎在美国占领日本结束后、朝鲜战争开始时,日本警察预备队就成立了,而后它又为保安队所取代。1954 年,《自卫队法》颁布实施。无论是政府决策也好,国会对策也好,都是要将《自卫队法》的通过合理化。如此一来,原本通过"非武装中立"、"反对再军备"而牢固团结在一起的日本人开始分裂，出现了"如果为了自卫，也是可以的"这类言论。

大约在五五年体制①形成后，统治阶级、社会上处于统治地位的人——我属于另一方——以及受他们直接影响的人，开始为自卫队的出现寻找理由，他们认为"如果为了自卫，也是可以有的"，"为了自卫而拥有自卫的实力，自卫队不属于宪法第九条第二款中的'陆海空军及其他战争力量'"。这种观点就是与集体自卫权相对的、有别于集体自卫权的个别自卫权理论，内阁直到现在为止还在以此为借口。

在这一过程中，我作为一名宪法学者，正在尝试梳理过去的宪法审判。我发现了许多宪法判例，因此不能简单地把"非武装中立"归于虚无。它不是过去式，直到现在还依然存在着。就在最近，围绕航空自卫队在巴格达等地的空运活动，2008 年名古屋高

---

① 1955 年至 20 世纪 90 年代初日本政坛出现的政治体制，即国内革新、保守派势力各自联合，形成了自由民主党长期执政，而日本社会党长期在野的带有两党制特征的政治格局。

等法院在附带判决意见中将其称为违宪行为，从而使此后的形势为之一变。

宪法第九条规定"日本不保持陆海空军及其他战争力量"，而内阁出台了"然而，为了自卫而具有的自卫实力不是战争力量"的内阁解释，其依据就是个别自卫权理论。所谓个别自卫权，就是我们的国家只有我们来保卫——实际上，在一个时期内，包括这些人在内的政治家甚至全体国民都曾花费很长时间去认真思考非武装中立与反对再军备之中立的界线。

由此可见，唯有在1945年8月日本战败、一切军队被取消之时，才能第一次说出如此富于理想性的见地。唯独在此战后时期，压倒性多数的人——国民——曾以"非武装中立"、"非武装和平主义"、"非战和平主义"等各种词汇来把握第九条的灵魂。

抵制修改宪法的潮流

上述时期确实存在，然而在经历朝鲜战争、占领军撤离之后，日本形成了五五年体制。按照宪法第九十六条宪法修改的手续及要件之规定，如果想要修改宪法，首先国会众参两院中的自民党议员必须占三分之二以上的多数，而此时无疑已经形成了这样的国会。

在我看来，现今围绕宪法修改的最重要的论争焦点是宪法第九十六条——要修改宪法，必须获得众议院、参议院三分之二以上议员的赞成，而后还须获得半数以上国民的赞成。这一规定从五五年体制形成直至今日，一直压在企图修改宪法的改宪派头上。保守势力想方设法要修改宪法第九条，为此争取获得宪法第九十六条规定的"三分之二"以上议员的赞成。

改宪派尽力更加清晰地表达自己拥护自卫队的看法——此中所谓"更加清晰"指的是行动意义上的"清晰"，而他们在自卫队创立之初只是说"我们国家只能由我们自己来保卫，自卫队驻守于我国领土之内"。后来，这一想法逐渐发生变化。大概从海湾战争时期开始，出现了颇为盛行的将自卫队派遣到海外去帮助美国，美国"竖起大旗后我们要冲上去（显示军事实力）"的言论。

这一时期，他们也曾公开表示要修改宪法，但未必有多认真。因为那时即便说要修改宪法，也几乎没有多大现实意义。当时他们在众参两院中大概占有半数以上的议席，还未达到三分之二以上的多数。那么，如何做就成了问题所在，而这一问题与集体自卫权是否可能的讨论一样，正是现今政治支配层有待解决的问题。

彼时的历史叙述中包含着"现今"，大家头脑中也会认为这是理所当然的。然而，我的讲演却是从寺岛先生所描述的情景开始的。虽然寺岛先生发了那种感慨，但我还是要和他讨论当时的情况，那时抵制修改宪法、消灭宪法的战斗并没有终结，而其恰恰是我们要发扬的"九条会"成立之初真正的出发点和真正的灵魂。

危害立宪主义之物

东京都知事石原慎太郎经常说"口称宪法啊，宪法，是愚蠢的"，他主张"废弃宪法"，认为"已经不需要宪法了"。

这种说法令人吃惊。"废弃宪法"到底是什么意思呢？在我们宪法学研究领域，知晓这个名词的人也不一定有多少。石原氏没有宪法学的知识背景，对这个词的影响及所包含问题都一无所知的情况下就轻易地提出了"废弃宪法"。

大阪的那位恐怖市长提出的"维新八策"更为恐怖。桥下彻在此八策中公然主张修改宪法第九十六条，而后再由国民投票决定宪法第九条是该存还是该废。他没有用"废弃宪法"这种赋予近乎荒诞的奇谈怪论以爱国意义的词汇，认为应该用两年时间对宪法进行讨论，而后再进行国民投票。

桥下彻极具大众迎合主义的一句话是："已经到了由全体日本人来决定第九条该何去何从的时候了。关于第九条如何修改，政治家莫衷一是，无有定论，因此这个问题应该由我们国民来决定。"他一面大谈由国民投票来决定——我从一开始就说"不要战争，以中立主义的和平主义方式走下去"，而另一面却说："如果（人们）选择以维持第九条、不进行自我牺牲的方式来建设国家，那么我就离开这里去其他国家居住。"

32

"即便自我牺牲，我也要参战"，以自己自由的灵魂来废弃宪法第九条。如果国民选择保留宪法第九条，我会毅然选择离开这个国度。他以独特的间接方式表达出了自己的意见，而持有此种意见的人不在少数。

"有自我牺牲的自由吗？第九条是阻止人们来做自我牺牲的。"一旦有了这种想法，该想法将会继而引发立宪主义是什么的话题。

诚然，也有些宪法学者对此种言论大加赞赏，但是现在这场讨论并未尘埃落定。

重要的是，在宪法第九条制定以后不久，包括政府在内，从一开始都是以"非武装中立"、"非战中立"、"必然的和平主义"等夺人眼球的词汇来理解它的。此后，特别是海湾战争后，才出现了各种各样的讨论。

实际上，我还想谈一谈应该在何种框架下来理解自卫队的存在，以及在审判方面曾经有过何种判例，但是这个问题会占用大量时间，所以请允许我在这里略过不谈。

我们一直以来的抉择

我想围绕这个问题略加引申。加藤典洋是一位著名的文艺评论家，他在距今十几年前出版的《论战败后》（讲谈社、后收于筑摩文库）一书中，论述了日本是怎样理解战后的。他用极为简练的语言写道："我们在赋予我们的宪法能够强加给我们的环境中生活，更应该反省宪法制定的原点，从那个时点出发来思考。也就是说，要完全自觉地从赋予我们的宪法出发，认识到那个部分（宪法第九条）应该是我们自己的选择。"

那么，"选择"又是什么呢？我们想起了砂川大诉讼（一审，东京地方法院的判决，1959 年 3 月。最高法院大法庭的判决，1959 年 12 月）。这个诉讼需要有极强大的能量支撑。这场审判不单单使我们关注宪法第九条的和平主义，而且让我们决定一起来保护它。总之，用加藤先生的话讲，通过它我们做出了"选择"，并且锲而不舍。

有关宪法第九条的诉讼，无疑是我们在彼时适应彼时情况而做出的选择，我们的宪法和宪法的灵魂都毫无其他备选项——尽管有人说它是理想论。这一选择在五五年体制以后甚至时至今日都依然如故。

那么，培育它的土壤又是什么呢？这个问题比较有趣，我在这里作一介绍。当时社会上还流行着如下一种观点："既然有自卫队，就不会有什么麻烦了"，"自卫队也一样能做，没有必要对宪法进行任何修改"。总之，这是一种倡导"自卫队已为国民所接受，就不会有什么麻烦了"的反对宪法修改论和宪法修改消极论。

与之相对，刚刚介绍过的《论战败后》一书的作者加藤典洋此后还出了一本书《再见高吉拉①们——远离战后》，探讨战败十几年后的战后论。他前一部书的观点是，因为宪法是过去被强加而来的，所以我们要重新选择一次。而经过了十年，他在新书中写道，

① 1954 年由东宝电影公司出品的一部电影的名称。所谓"高吉拉"是被核试验造成的余波惊醒的古代怪兽的名称。

尽管这一时期日本面临着更大的危机，但我们依然"要重新选择一次"。

"既然有自卫队，就没有什么麻烦了"，"在'三·一一东日本大震灾'中不就得到自卫队的救助了吗？""有那个就可以了，完全不需要修改宪法"，在相当多的人持有这种意见的情况下，加藤先生却说："不，请稍等，我有话说。"

他认为，这部宪法究竟给战后的日本和日本国民带来了什么呢？用一句话说，就是崇高的理念。这个理念我们绝对不能失去。真不愧是文学家，能有此种观点，令人钦佩。

话归正题，这个崇高的理念是在历史的一隅中偶然出现的，并被幸运地保留下来。已经仙逝的加藤周一先生在私下谈话中经常提到："尽管是被强加来的，但如果它的内容本身是好的，也是可以的。"

或许存在宪法第九条是被强加而来的这件事，然而将如此崇高的理念赋予我们，它适合我们的胃口，我们承认它，选择它。我们通过一次次审判来斗争，以锲而不舍的抵抗形式来选择它。因为以"不保持陆海空军及其他战争力量"的第九条为根据进行审判斗争，尽管一直存在着无国防论、非战论、自卫权到底是什么内涵等争论，但是时至今日第九条仍然未有任何字句的修改。

认为它不称心，为了使之称心如意而必须修改它，由此自民党宪法修改案应运而生。当然，在自民党修改案提出来前，大阪市长已经发表了要修改宪法第九十六条的提案。他们唯独避开修改宪法第九条。之所以避而不谈，是因为无论何时何种舆论调查都显示，宪法第九条很受人们欢迎。他们不直接触碰第九条，而是掺水提出了全文修改宪法的提案。而该提案的中心明确指向宪法第九十六条。

现行宪法以及基于宪法之上的修改程序法都规定，宪法修改理应得到众参两院三分之二以上议员的赞成，才能在国会上成为提案。这对他们而言是首要的难题，他们必须要找出转圜的契机。在自民党最新的《日本国宪法修改草案》（2012 年 4 月）中规定：

"此宪法之修改，由众议院及参议院议员提议，在众参两院分别获得过半数议员的赞成后即可成为国会提案。该案向国民提出后，需要得到国民的承认。""三分之二"与"过半数"看起来只是数字上的微小差别，他们把这份草案包装成只限于技术性要素的制度修改，企图实现修改宪法的目的。

还有许多问题想谈，今天只谈了有关宪法第九条的话题。然而，今天我所谈的确确实实是我一直追问的问题。我必须要强调，不要把我们所拥有的宪法的灵魂说成是"空虚的理想论"，我想提议我们再来亲自选择一次这个宪法的灵魂。

（唐永亮 译）

考验意志与勇气之时

泽地久枝

三木睦子其人

已经仙逝的、作为"九条会"最早召集人之一的三木睦子何许人也？我想对此稍微谈谈我的看法。

1940 年（昭和十五年），三木睦子与年长自己十多岁的三木武夫结婚。结婚以前，她受三木武夫邀请，去参议院旁听。当天的提问人是斋藤隆夫，他是一位以反抗精神著称的议员。斋藤隆夫在会上指出："这次与中国间的战争毫无结果，国民对战争的未来颇为担忧。"这一批判军部的言辞激烈的演说使他受到惩罚，失去了议席。

三木睦子在旁听席听到斋藤隆夫的讲演后，写下了如下一段话："这真是让人豁然开朗的精彩的逻辑。"她当时虽然很年轻，却是一位相当有骨气的女性。而把不久即成为自己妻子的人邀请到国会的三木武夫也是一位相当有骨气的人。

二战后的某一天，三木女士曾问自己丈夫："为什么你要做自民党议员呢？"三木武夫回答道："我要是辞职了，这个国家就要改宪，就要成为能够发动战争的国家。"这句话体现出了三木武夫作为政治家的自负心和自豪感。三木睦子对丈夫的回答表示同意，以后就没再讨论这个话题。

再有，2007 年 6 月，三木睦子曾参加了"九条会"的学习会。这件事必须得说一说。

战争中，陆军在背后暗中操纵成立了欲将日本政治引导到他们预定方向上的大政翼赞会。在众议院选举时，没有大政翼赞会的推荐，是万难当选的。在非推荐，即没有得到推荐而在选战中当选的人中就有三木武夫，还有一个人就是安倍宽。

在学习会上，三木睦子说，无论如何我要向年轻人介绍介绍这位安倍宽。那时安倍晋三已在自民党中崭露头角，他总将自己的外祖父岸信介挂在嘴边。对此，三木睦子想，媒体为什么不报道安倍宽的事情呢？我一定要讲一讲安倍宽究竟是怎样一位优秀的人。三木睦子想要让安倍晋三知道安倍宽曾经主张绝对不要发动战争，并为此鞠躬尽瘁而英年早逝，想要让他知道，你是岸信介的外孙，这不是值得夸耀的——我自己也认为他那样做是不对的。

三木睦子 95 岁与世长辞，她一直思想明晰，擅长以通俗易懂的语言讲话。她不愧是一位政治家的妻子，一位有着坚定信念的演说家。她做的事情是非常有意义的，她鼓励我们"奋进"，我为失去这样一位先生而痛心。

非民主主义横行的国度

今天的演讲会在网络上的题目是"现今是考验民主主义之时"。最近看了两大政党的党首竞选，我感觉到这个日本或许真的是没有指望了。

那些人根本只字未提冲绳及鹰眼战机的问题，也没有一位候选人提到以福岛为中心的受核辐射伤害的居民以及如何对待核电的问题。并且，提高消费税率也是自民党和民主党领导层协商决定的。在其他事情尚毫无作为的情况下，迅速提高消费税，这种做法真是很过分。

我作为一个个体的人来到这个国度，现如今我再也无法相信她是一个民主主义国家。日本是一个非民主主义横行的国度，唯独宪法还没有遭到玷污。自卫队获得的防卫预算逐年增加，现在的日本军队已位列世界前茅。但是，还没有达到违反宪法第九条的程度。

自卫队最终也有了防卫大臣，防卫厅（省）渎职事件一次次被曝光。防卫预算数目非常庞大，所以要招标。这个时候，将彼公司以多少钱投标的信息透漏给此公司，就会出现一直由相同公司来承揽防卫厅工程的现象。毋庸置疑，泄漏情报的自卫队官员会得到好处。由防卫事务次官的受贿事件可以看出，防卫费中必然隐藏着腐败。

总而言之，战前日本的国防预算，从侵华战争伊始到日本无条件投降，一直都没有被挪用过，并且人们完全不过问这些钱入了军人腰包后会被怎样使用。据我所知，我曾读过"二二·六事件"的审判记录，其中提到"今天去关东军司令部拿到金钱若干"。这些"金钱若干"是在战争时期中得到的，是难以置信的天文数字，曾经参与"叛乱"的青年将校将其交给了浪人。

军队、军事力量具有上述性格特征，特别是在日本这样的国度，尽管输掉了战争，尽管变身为自卫队，但变好却非一朝一夕之功，因为有军事秘密这个幌子。防卫省的预算使用方式难道不奇怪吗？如果我们不真正警惕起来，就无法知晓他们在做些什么。

回归于宪法之精神

我的观点是取消自卫队。但是，我一这样说，就会遭到反驳："震灾时，自卫队就发挥了作用。"然而，将自卫队变成用税金培养的完全组织化、经受过训练的健康的日本男女集团，在发生地震等

43

紧急事态时派他们出动去执行任务，付给他们补贴，这样不是很好吗？他们不携带武器。如果是此类集团，当邻国发生地震时，大概就可以直接派遣他们前去救援了。

我想现在很少有人想要发动战争，几乎没有吧。尽管如此，日本却依然想要作为美国的同盟军作战，他们的作战方式是，使用无人轰炸机投下炸弹，投下之后却发现那里没有军队，而是在举行结婚仪式。

什么是"集体自卫权"？提起这个日语词，就说"依据宪法第九条"云云，就会被人说"又在老生常谈"。在这个时代，大声疾呼"依据宪法第九条"是需要勇气的，有谁这样做了呢？现在我们看到的完全是一个虚假的虚幻的世界。

即使是核发电大概也都是金钱驱动。我们这个国家被金钱啊金钱所摧毁。民主主义被粗暴地扔到一边，只要能赚到钱就行。政治家似乎已经不知羞耻为何物。尽管我们从未让那些人把民主主义挂在嘴边，但他们自己在竞选时，至少是口称民主主义而当选的。

我对核发电和自卫队持反对态度。我想回到第九条中描述的"不保持一切武装力量，不发动战争"的状态，日本没有必要将自己定位为世界大国。日本仅仅是一个个小岛而已吧。我们应该不懈地努力创造与这些岛屿相适应的经济规模、技术及其他，使日本成为他人无可企及的和平的智慧的结晶，以获得自身的存在价值。归根结底，靠什么来支撑它呢？我们的宪法就是其后盾。

我们认为现今的日本政治糟糕透顶，那么如何来改变它呢？首先须回归宪法精神的原点，此外别无他途。或许会有很多人认为："还提宪法，已经为时已晚了。时至今日，那样已经无济于事，来不及了。"然而，我认为并不是"来不及"。因为宪法还没有出现根本性的破坏，尚未形成我们随意发表以上言论，回到家后被等在那里的宪兵喊着"喂，你过来"而逮捕的世道。但是，将来会怎么样，还不清楚。即使那样，也要有说话的勇气。总之，我们大家应该重新回到原点。

现今在这里我们来选择未来

十六年前，加藤周一先生在《朝日新闻》"夕阳妄语"评论栏目中写下了一段非常富有启示意义的话。日本正渐渐走向歧途。归根结底，其基础是《日美安保条约》。

《日美安保条约》是与《媾和条约》于同一天在旧金山签订的，而《媾和条约》是日本与除中国和苏联之外的其他国家缔结的。《媾和条约》与《日美安保条约》是一对姐妹，签订的时间是1951年，那一年的前一年发生了朝鲜战争。在对战争的未来一无所知且美国也陷入异常困境之时，日美双方签订了《日美安保条约》。

1960年终于到了《日美安保条约》修改的年份，因为此前决定每十年为一个阶段——时任首相是岸信介。《日美安保条约》中没有体现出日本的自主性。反动的一派主张："在美国的核保护伞下，可以保卫日本的经济发展。"但是，冷战已经结束。没有冷战，现今的日本还用得着紧紧贴着美国吗？以上是加藤先生提出的问题。

加藤先生写这篇评论的时间是 1996 年，当时自卫队还没有像现在这样庞大，政治家们也没有如今这样露骨。然而，加藤先生在当时就已经指明了日本的两种选择：是进一步继续贴着美国，还是从根底上重新思考，把日本重新打造成一个没有武装力量的国家。

加藤先生写道，后一种方案实现起来非常困难，但这个困难的道路，前途是光明的。我想加藤先生从那以后大概更加强烈地感受到了这条道路的艰辛。远在"九条会"成立以前，加藤先生就已写出了这样的文章。

我们"九条会"虽然已经失去了以三木睦子为首的四位召集人，但是我们将继续秉持加藤先生的上述观念、四位先生的精神。为了将日本引导到真正有意义的方向上，使之成为民主国家，使市民从此以后像市民一样生活，并且使日本成为珍爱生命的国度。为了建成这样的国度，每个人都要发挥意志与勇气。或许如今是困难的时代，而这正是我们真正存在的理由。我们正处在决定未来的日本是何种日本的十字路口上。

我们尚不能马上拿出一个完美的方案，但是数千万日本人应该为怎样建设日本、怎样做是可行的而思考，找寻具体的答案。正因为还没有最终答案，所以现在的政治才趁势酿成如此恶劣的局面。我们不能对此置之不理，不能放弃，无论站在哪儿都应该清晰地表明"你们是错的"，"我们不和你们同流合污"，要使野田佳彦脸色铁青，使安倍晋三脸色铁青，使那些紧随其后随声附和的政治家日子都不好过、都失去议席。这就是我的想法。

非常感谢大家！

（大江健三郎、奥平康弘、泽地久枝等人的文章是以他们在 2012 年 9 月 29 日召开的题为"继承三木睦子的遗志——现在正是考验民主主义之时""九条会"演讲会上的讲演为蓝本修改而成的。）

（唐永亮 译）

〈对谈〉作为维护国民主权之思想的宪法

奥平康弘　小森阳一

应该成为 2012 年大选争论焦点的事

小森　奥平先生，记得您对 2012 年 12 月 16 日的众议院选举结果曾做过这样的评价：第一次安倍晋三政权通过了《关于日本国宪法修改手续的法律》(《国民投票法》)，还修改了设立宪法审查会的《国会法》，这次大选的结果与这些政治行为是有连续性的。

奥平　在很大程度上，他们已经为修宪做好了规划，绘制了蓝图。这是难以逃避的现实。因此，日本社会出现了一种令人觉得"自民党若能赢得选举就会修宪"的氛围。也就是说，我们应该认识到修宪的形势已经非常紧迫，而且，国民们理应也认识到了这种

49

紧迫的形势。尽管如此，自民党仍然以那样的强势赢得了选举。就获得议席来说，仅从众议院的议席来看，目前的情况是自民党真要下决心修宪的话，已经到了并非不能的地步。对于自民党而言，这次大选的胜利恐怕也是出乎其预料。从反对修宪的立场来看，这使护宪面临着非常危急的状况。我们应该思考如何才能克服这一危机。

小森 2005 年，邮政民营化成为人们关注的热点，当年的"小泉邮政剧场型选举"使自民党和公明党一举获得了众议院三分之二以上的议席。2006 年，在政权运营获得了稳定多数议席的情况下，小泉纯一郎首相让位给了当时刚刚步入 50 岁的安倍晋三。第一次安倍政权的执政公约是"摆脱战后体制"和"在自己的任期内修宪"。第一次安倍政权在 2006 年末对《教育基本法》进行了恶意修改，2007 年又通过了作为修宪手续法的《国民投票法》。

也就是说，正如奥平先生所言，认识到第二次安倍政权与第一次安倍政权具有明确的连续性非常重要。所以，自民党在进行总裁

50

选举时，再次鲜明地树立了自民党完全是改宪政党的形象，以此作

为与民主党进行政治对抗的核心轴。自民党的这种判断诞生了安倍

总裁、安倍首相。从条件方面来看，第二次安倍政权准备好了修宪

的法律框架。国会运营完全就是为了修宪体制。

　　奥平　是的。之所以大家选安倍做总裁，是因为自民党内修宪

派居多，而且大家都认为"应该由安倍来推进修宪"、"现在是最好

的时机"。我本人虽然几乎是个不从事政治活动的人，但是，我仍

然对这一点为何没有成为大选争论的焦点而感到疑惑。即使是在数

量上不能获胜，也应该通过选举，让大家认识到反对修宪的势力还

是有一定力量的。但是，实际上没有能将其变为大选争论的焦点。

围绕宪法的议论和政治的推移

　　小森　我想进一步问的一个问题是，大体上从 1960 年代开始

回顾战后日本，我们现在应该如何理解日本社会的这个发展阶段？

　　奥平　在这段时期，虽然曾有过民主党政权和细川护熙政权等

短期的非自民党政权，但自民党却几乎是一直在持之以恒、按部就班地进行着修宪的准备。其路线的延长，现在就展现于我们的眼前。也就是说，我觉得，他们把能够做的准备都已经做好了。大概从1960年代后期开始，直到70年代、快接近80年代这段时期内，关于修宪，就连自民党也几乎从未有过讨论。大概也可以说成是自民党"未能公然发声"。使这种状况开始发生改变的，是1980年代的中曾根康弘政权。

小森　战后，中曾根作为第一个在8月15日以官方身份正式参拜靖国神社的首相，在1984年1月自民党大会上表明要进行"战后政治的总决算"。

奥平　在那之前，经济一直持续景气状态，几乎听不到关于修宪的言论。在那样一种氛围下，中曾根首相突然开始表明要进行"战后政治的总决算"。当时，由于还没有作为修宪手续法的《国民投票法》之类的东西，所以一般认为，中曾根的发言不过是基于以前一直讲的"自主制定宪法是自民党建党以来的誓愿"这一所谓战后五五年体制的党的基本方针的发言而已。就这样，到了 80 年代后，特别是到了 90 年代讨论对美关系、国际合作框架问题时，修宪问题开始日益受到关注。

小森 引发探讨修宪问题的一个大的契机，就是 1990 年因伊拉克入侵科威特而开始的海湾战争。1989 年，东西方冷战结束。联合国安理事会通过了对伊拉克进行包含军事行动在内的制裁决议。当时，日本是海部俊树政权时期，有人提出派遣自卫队参加 PKF（联合国维和部队）。自民党的干事长是刚四十多岁的小泽一郎。那个时候，因为历代的自民党政权一直在讲"向海外派遣自卫队是违背宪法的"，所以在国会上由内阁法制局长官进行答辩，称"派遣自卫队参加维和部队的法律在宪法上是不被允许的"，结果使这个法案（《联合国和平协力法案》）成了废案。

但是，在海湾战争的时候，日本虽然提供了高达相当于人均一万日元的军事费，但美国依然不快地说：日本"仅是能出钱不能流血流汗吗？我们要在现场看到你们的国旗"！于是，小泽干事长马上成立了小泽调查会（关于日本在国际社会中的作用的特别调查会），改变了以往自民党对宪法的解释，不是依据宪法第九条，而是依据宪法前文中"信赖爱好和平的各国人民的公正与信义"这部分的内容，得出了如下结论："因为伊拉克的军事侵略破坏了这一点，所以，如果有联合国安理会的决议，就可以向海外派遣自卫队。"

但是，海部政权之后的宫泽喜一政权并没有采纳以前的小泽调查会的解释，而是又回到了以往自民党对宪法的解释上，坚持自卫队绝对不可以被派遣到战斗地域、因此不能持有武器的立场。而且，还以挪用《警察官职务执行法》的形式，制定了向包括柬埔寨在内的 PKO（维护和平活动）派遣自卫队的法律（《PKO 协力法》），并依据这个法律向海外派遣了自卫队。1993 年，在野党因此向国会提交内阁不信任案时，执政党的小泽一郎派议员和鸠山由纪夫派议员以政府没有采用其新的宪法解释为由，即以"因为有第九条在，所以不能进行国际贡献"为由，作为自民党议员对在野党提交的这个内阁不信任案投了赞成票，导致众议院被解散和举行大选。结果，宫泽政权垮台了。

我再继续谈谈与政局相关的话题。与今天的政治相联系的脉络就是从这里诞生的。当时，小泽一郎与鸠山由纪夫觉得毫无结果地讨论第九条的自民党与社会党都不能指望，所以退出了自民党，小泽一郎扶持羽田孜创立了新生党，鸠山由纪夫扶持武村正义创立了新党先驱。而就在此前一年，即 1993 年夏天，成立了以创立日本新党的细川护熙为中心的反自民非共产的七党一会派①联合执政的细川政权。但在第二年的 1994 年引入小选举区制度后，细川政权垮台，变成了羽田政权。其后，1994 年 6 月末，自民党河野洋平总裁与社会党村山富市委员长联手打造了自民社会先驱联合执政的村山政权。

就这样，在被称为所谓政界重组的转换期间，日本社会党、日

---

① 日本社会党、新生党、公明党、民社党、社会民主联合、新党先驱、日本新党以及民主改革联合。

本共产党以及工会总评这三大五五年体制时的所谓护宪势力框架已经完全瓦解了。工会总评的全称是"日本工会总评议会"，在1989年时已经更名为"日本工会总联合会"。从那以后，大约经过了二十年的时间，发展成了今天的这样一个局面。

围绕自卫队的修宪摸索

奥平 进入1990年代，从美国与阿拉伯诸国矛盾凸显开始，情势发生急剧变化。以2001年的九·一一事件为契机，小泉政权通过了意在派遣自卫队配合美国推进战争的《反恐对策特别措施法》，决定向伊拉克派遣自卫队。主导这一切的是美国。美国的知日派政治家阿米蒂奇等的意见频繁地传递到日本，这些人强烈建议日本在修宪的同时要尽快地变更对宪法的解释，说什么"这不过就是将个别的自卫权与集体自卫权做一个简单的置换而已"。

日本政府自己制定了很多的时限法和特别措施法，使进行某种海外派遣成为可能，结果使第九条存在的问题点以一种奇怪的形式突显出来。也就是说，从自民党这方面看来，每当向海外派遣自卫队时，从携带武器的种类到使用武器的是非都要对照第九条在国会进行讨论，这实在是烦不胜烦。另外，更主要的是还有来自美国的压力。因此，他们认为，围绕集体自卫权的解释本来就是由内阁进行的宪法解释，所以由内阁来变更这种解释是一种自由裁夺。这样一来，也就没必要修宪了。每当自卫队向海外派兵时也无需获得国会同意就能办了。完全可以按照美国的指示来做事了。

小森　即使是制定了《武力攻击事态法》的小泉政权，也未能下决心进行容忍行使集体自卫权的解释修宪。很多人讲，其后的第一次安倍政权顶着双重压力。一方面要顶着压力朝着必须明文修宪的方向完善手续进行解释修宪，另一方面美国布什总统又向安倍施压令其向阿富汗战场"派遣自卫队"，结果安倍坚持不住了开始肚子疼，因而辞掉了首相职务。而这样一个安倍晋三能够再度复出，这本身就有着不同寻常的意义。

奥平　为了名正言顺地行使集体自卫权，第一次安倍内阁时成立了"关于重构安全保障的法律基础的恳谈会"，在第二次安倍内阁成立后，于2013年得以重启。但是，我认为，他们永远也找不到"即使那样做也没有违反宪法第九条"的理由。他们只能一味地探讨"何时何种场合下才能被允许行使"。本来所谓"有行使的权利"，这只是志在修宪者们的想法，至于在什么时候、派遣什么样的军队、携带什么样的武器等问题，都不是由他们自己决定，而是由美国来决定的。

尽管如此，一直到90年代中期，对美国的命令也还没有完全地唯命是从。但一进入21世纪，美国开始注重其全球布局中的中国因素。美国从其自身利益出发来思考如何利用日本的结果就是，即使可能会与日本宪法第九条发生一定程度的冲突，也要推动作为既成事实的集体自卫权。因此，"还是得修宪才能解决问题啊"，形成这样一种认识大约是到2010年代初了。

小森 是啊。2005年9月的邮政选举使自民党和公明党获得了三分之二以上的议席，10月，自民党就提出了《新宪法草案》。

58

按理第一次安倍政权就是要实现这个的。

奥平 "九条会"就是在那样一种情况下于 2004 年成立的。"九条会"最令我感到有意思的是，很多人说"现在的自卫队这样就很好"。我们过去考虑的"非武装中立"、"非战"、"中立的和平主义"这些词汇几乎都不通用了。我感到即使是反对修宪的势力内部也发生了相应的一些变化。让人能明显感觉到对自卫队的价值评价已经发生了变化，从时间上讲则是好多年之后的 2008 年名古屋高级法院对伊拉克派兵做出违宪判决，该判决称"航空自卫队的活动违反了宪法第九条，威胁到了国民的和平生存权"。

小森 确实，那个判决就像是一个背负了自 1990 年代以来的整个历史的判决。也就是说，这个判决提出了一个问题："自卫队去的地方是非战斗地域"，因此"绝对不进行战斗行为"。这在宫泽政权时不是已经进行过限制了吗？自卫队在伊拉克的活动则违反了这一原则。小泉政权向伊拉克派兵时，这一问题也成了国会讨论的焦点。有议员提问说："为什么在处于战争中的伊拉克这个国家内，只有塞马沃可以说是非战斗地域呢?"结果迫使首相自己进行了颠倒因果的答辩，称"自卫队活动的地域就是非作战地域"。但是，也正是因为这个发言，等于承认了"自卫队只能在非作战地域活动"。既然如此，那么，航空自卫队可以运输作为战斗部队的军人吗? 名古屋最高法院由此得出判决:"这样做违反了第九条。"

诞生于自我矛盾的民族自尊

小森 因为在这次大选中修宪势力获得大胜，所以 2012 年 4 月谷垣祯一任总裁时，自民党提出的"日本国宪法修改草案"(以下简称修改案)的意义变得极其重大。对此进行批判时，奥平先生认为，"必须再度从强加宪法论开始进行批判"。

奥平 因为是美国强加给日本的宪法，所以有必要全面修改，那种宪法存在本身就是有悖民族自尊的——这种议论在过去一直就存在，这次自民党提出的修改案也突出强调了这一点。安倍所说的"美丽的国家"就拥有非常能触动民族自尊的东西。

小森　民族自尊这一概念的精神内核是什么？

奥平　大概就是安倍的外祖父岸信介所向往的回到以明治宪法规范为宜，既令社会获得一定的满足感，亦获得国际社会认可那样的一个世界吧。对那种扭曲的自尊，我实在是找不到更好的翻译词语，所以就名之为"民族自尊"了。

小森　岸信介当首相时，修改了《日美安全保障条约》（以下简称《安保条约》）。从某种意义上说，这也是占领体制永久化的开始，由此产生的持续从属于美国的矛盾则是自民党政治本身存在的矛盾。

在自民党的《日本国宪法修改草案　Q & A》（以下称《Q & A》）里写有这样一段话："我党自建党以来一直把自主制定宪法作为党的基本方针。为了摆脱占领体制，把日本建设成一个符合主权国家的国家，至今我们发表了很多推动修宪的提议。"这其实也就是在说"日本还不是一个主权国家"。这其实是巧妙地掩饰了《安保条约》的弊端，把安保体制问题置换成了宪法问题。这是多么巧妙的偷梁换柱啊。把宪法问题说成"自主宪法"，以此来掩饰依然存在的安保体制问题，这就是奥平先生特意使用"民族自尊"这个词来表达的精神构造吧。

奥平 是的，问题就在这里。解除占领的日子，同时也是《安保条约》和《旧金山和约》生效的日子。对于这种日期的搭配安排，当时市民就曾有过强烈的抗议。尽管这样，如今了解当年那些情况的人很多已经不在人世了。我有种感觉，如果在刚摆脱占领的时候能发起"现在让我们来制定自己的宪法吧"这样的运动就好了。

小森 出现转换可能性的是自 1959 年至 1960 年间，在大家都非常热烈地探讨修改《安保条约》时，1959 年 3 月东京地方法院伊达秋雄主审就砂川事件①给出了伊达判决。当时，虽然已经产生

---

① 日本东京都西郊砂川町发生的反对扩建美国军事基地的斗争事件。1957 年 7 月，日本政府以禁止进行测量的工人和学生进入美军立川基地为理由，根据保护美军的《刑事特别法》第二条对七人进行起诉。1959 年 3 月，东京地方法院认为《日美安全保障条约》和驻日美军违背日本宪法，因而保护美军的《刑事特别法》无效，宣布全体被告无罪。但同年 12 月，最高法院接受检察当局上告，认为东京地方法院并不具有对条约是否违宪的审查权，否定了其判决。其间美军被迫打消扩建的念头，反对征用砂川土地的斗争也就此结束。——译者注

了《安保条约》本身就违宪的理论，但从修改《安保条约》上来看，是绝不可能允许东京地方法院做出这个判决的，所以 1959 年 12 月最高法院几乎是不经审议就否定了伊达判决。

奥平 对，这就是所谓的"跳跃上告"（越级上诉）。

小森 如果没有最高法院的判决，岸信介政权就不可能实现修改《安保条约》。因此可以说，其实 1960 年安保斗争时期日美安保体制和宪法体制的斗争才最为激烈。人们的游行和集会能够给予政权那么大的威慑，其源动力就在于人们想守卫宪法所保障的民主主义。鉴于当时工会的活动状况，后来大企业就开始彻底地瓦解工会。从日本工会总评议会被瓦解，直到 1989 年变更为日本工会总联合会，这种瓦解工作一刻未停。就连媒体界也发表了七社联合声明，称示威、集会是"暴力"。我认为，最终使这种局面得以扭转的是三·一一以后在首相官邸前的行动，以及与之有连带关系的全国星期五集会等直接的民主主义行动。

国民主权和天皇制

小森　这样看来，我们正在面临着围绕战后史的逆转剧的所有意义上的关键时刻。我们有必要思考一下，自民党当时为什么要重新提出修改案？在修改案的前文写上"天皇之国"，其目的大概还是想诉诸日本人的民族自尊吧。在修改案中，虽然也写着"日本国拥有悠久的历史和固有的文化，是拥戴国民统合象征的天皇的国家，在国民主权的基础上，实行立法、行政及司法的三权分立的统治"，但危险的是这段文章内容的写作顺序。

奥平　是啊，虽然有国民主权、三权分立等词语，但这样的文章结构本身就已经使这些词语失去了意义。通过讲一些大而空的内容，把很多东西是需要用鲜血与汗水才能争取到的这种具体状况给抽象化了。而且，还是在最开头的部分就宣讲这些大而空的东西。

小森　这种做法，会让人们以为修改案与现行宪法同样也在讲国民主权、三权分立，但实际上则是明确地将日本定位为天皇之

64

国。通过"历史、文化、传统"这样的词汇，把应该是已经被否定的战前大日本帝国与修改案联系在了一起。

奥平　他们要宣传的正是这一点。尽管一般的市民都不大了解《明治宪法》，但是，这个宪法修改草案的制定者们大概都相信"《明治宪法》是独自制定的"这样的"神话"。说得极端一点儿；《明治宪法》其实就是由伊藤博文和井上毅二人制定的。时至今日，对"何谓天皇制"这个根本问题，自始至终尚未经过任何国民的议论和市民运动。人们讨论的只是"女性天皇"和"女性宫家"这样的事情，而且进行这种讨论时也是"天皇制本身姑且不谈"，将其先用括号括起来的。原封不动地体现了这一意识的就是自民党的宪法修改草案。

小森　然后，在其下面的关于天皇的条款里放入了国旗、国歌。而且，天皇成为"日本国的元首"。

奥平　何谓元首呢？我理解的元首含义是这样的。以前，欧洲的许多国家是绝对的君主政体，国王和皇帝拥有全权。逐渐地审判由法官来做了，早早地司法权从君权里独立了出来。随后，议会（立法权）也交到了国民手中，君主手中就只剩下行政权了。而且，君主手中的行政权也因设立了议会立法优先的构造（立宪主义、法律统治）而失去了支撑背景，变得名存实亡。这种过程进行得越是顺利，人们就会越关注何谓国王、皇帝之类的事情。因为三权分立，绝对君主原有的三权被剥夺，变成什么权力都没有的存在了。当人们在思考该如何保存这样的存在时，想到的就是"元首"这个词。因此，所谓的元首，莫如说是学者们百般无奈想出的对应之策而已。虽然不存在却还要表达出好像存在似的词，就是国之头、元首。这就是我的理解。

小森　您这可真是非常复古的表现呀。

奥平　而且，这也表达了这样一种意思："作为那样的一种存在，保留天皇制也是可以的吧。"我认为，因为是以其为元首，也就意味着天皇存在的宪法基础是很明确的。实际上，这本是非常古色苍然、没有意义的规定，却再次放大了君主的存在。

小森 是啊，更重要的是，修改案第一百零二条规定"全体国民必须尊重此宪法"。把成为元首的天皇和摄政从现行宪法第九十九条中规定的尊重拥护宪法义务中给略去了。把现在这些内容联系起来看，就会发现一个最为重大的问题是，宪法本是拥有主权的国民约束国家的最高法规，但是，在自民党的修宪案里，国家却不受约束了。也就是说，它反而变成了颠倒立宪政治本身的理论了。

奥平 就是，这让人不得不认为自民党正是为了做这个事情才提出了这样的修宪案。可是，这样做，现在的天皇会因此而高兴吗？我们非常认真地学习过日本国宪法所讲的民主主义是什么之后，还会简单地接受如此存在很多问题又很单纯的提案吗？考虑到这些，我想修宪不会那么轻易进行，我对这个判断抱有很乐观的态度。

第九条被置换的危险性

小森 下面我们谈谈第九条的问题。在《Q & A》里，先指出

"第九条第一款的基本意思与以往没有改变"，在修改案里却彻底干净地删除了现行宪法的第九条第二款"不保持陆海空军及其他战争力量，不承认国家的交战权"，取而代之的是规定"保持以内阁总理大臣为最高指挥官的国防军"。并且，进一步规定了这个国防军从事的国际活动、保持机密、设置审判所、保全领土的义务。这与2005年的新宪法草案简单地规定要"保持自卫军"的提法完全是不同的。

奥平 我认为这种不同是源于非常短期性的状况变化，即这种不同是以包含中国关系在内的所谓领土问题为背景而产生的。2014年4月制定这个修宪案时，据《朝日新闻》（4月28日）的报道，当时的自民党谷垣祯一总裁说，这样"符合自卫官的士气"。也就是说，为保持士气，才特意使用了国防军这个名字，这的确是一个新称呼。

以前自民党一直声称保留现行宪法的第九条第一款，需要修改的是第二款。可是，第二款正是为了充分地达到第一款的目

68

的而设立的，由于二者存在着这样的关系，所以保留第二款也是同等重要。尽管如此，自民党的修宪案中却将第二款原有的内容给删除了。而且，把在现行宪法中含有第九条的第二章原题目"放弃战争"改成了"安全保障"后，在第九条前面加了一个小标题"和平主义"。大概他们是打算以此来显示要维护和平宪法吧。

简单地说，就是自民党的修宪案使得在现行宪法第九条中明确被否定的军备、战斗行为、海外派遣都可以在自卫权的名下予以实施了。当年在自卫队还没有成立时，吉田茂曾在国会上讲过这样一段话："无论是什么样的战争都是在自卫的名下发动的，因此，无论如何设限均可以自卫之名发动战争。为了使自卫化为空文，才设立了这第二款的内容。"自1954年《自卫队法》实施以来，慢慢地造出了"自卫权"这样一个词，把《自卫队法》说成是合乎宪法。我觉得现在这种置换的手法与之类似。

小森　修宪案中对国防军的规定有"在国防军设置审判所"。

本来按照法律规定办即可的事情，却非要特意写入宪法，不知其居心何在？

奥平　如果是普通国家的普通军队，都会设有军事法庭。非要特意写入宪法，大概是他们希望在进行军事活动即采取国家行动时，能够在政治框架中把军事集团的单一化、军事性的东西、军事集团作为一种非常特殊的存在予以定位。所以，他们自会想方设法在宪法中写进设置特别审判所之事。

小森　修宪案第九条第三款里也谈到了领土问题。他们有意将这个领土问题与保卫国家的义务写进宪法中来。领土问题作为统合国民的政治手段最近频繁地被任意使用，事实上，已经加剧了军事危机。

奥平　虽说是领土，但我们也不好任性地决定邻国的事情。而且，这种事是与邻国好好地谈判签订个条约就可以解决的事情，本来就没有必要写进宪法的条款。他们特意提出来就是为了宣扬这个问题。作为很伤民族自尊的所谓领土问题现在正广受关注，他们借机将其作为一个宪法问题提出来，无非是想表示"我们会处理得很漂亮的。你们要好好配合啊"。

小森　围绕这个规定，在《Q&A》中有这样的记述。在党内讨论中，有很多意见认为应该对国民的"保卫国家的义务"进行规定。但是，如果规定了国民的"保卫国家的义务"，"会牵涉到征兵制的问题，所以，我们认为在宪法上设置规定是困难的"。"因此，先在前文以'要自行保卫国家'来进行抽象的规定，同时，在第九条第三款规定国家要'与国民合作'保卫领土等。"

奥平　关于所谓的领土问题，政治上什么都没解决，只是一味地加剧了紧张关系。我们有必要考虑一下现在谈论这个话题的意义。所谓"与国民合作"，简直就是想要把保卫宪法和国家法律变成国民的义务，首先对这种想法我就感到很吃惊。对存在进行这种讨论的人，说实话我也感到很吃惊。这完全是反立宪主义的。他们竟然在讨论理所当然地"课以义务"，而且还是课以非常抽象的义务。

束缚国民的修宪案

小森　因为三・一一的经验，有人指出"现行宪法中没有应对紧急事态的规定"，所以，在修改案第九十八条设置了关于紧急事态的规定。"内阁总理大臣，当出现由对我国的来自外部的武力攻击或内乱等造成的社会秩序混乱、由地震等导致的大规模自然灾害及其他法律规定的紧急事态时……可以召开内阁会议，发表紧急事态宣言。"因为这条规定，国防军的功能一下子得到扩大。国防军可以用维护治安的形式，在紧急事态时发挥宪兵的作用。当发生像阿尔及利亚人质事件之类的事情时，国防军还可以为了救助国人的性命而出兵。也就是说，对第九条的恶意修改，通过与其他条款的联动，特别是与修改案第九十八条的紧急事态规定的联动，使得国防军被规定成为在全世界无论任何时候都可以开展军事行动的军队。

奥平　即使在欧美，对紧急事态的特殊应对方式，既有进行规定的国家，也有未做规定的国家。当出现了这种事态时，关于在宪法中是否该制定紧急权发动或者紧急事态体制这样的东西，无论是在宪法学上，还是在国际社会上，都存在讨论的余地。因此，我认为这个条款也与包含领土问题的第九条的其他条款一样，并未经过长远来看制定紧急事态的制度是否合适的讨论，只是修改案制定者觉得现在是注入军事性内容的大好时机，便拉开架势，把凡是能够修改的内容都添加到修改条款中去而已。

　　小森　而且，修改案第九十九条第三款规定："发布紧急事态宣言时，任何人都必须遵从……国家及其他官方机关的指示。"也就是说，如果是国民主权的话，理应是用宪法来束缚国家权力，而修改案则完全相反，把束缚国民的条款写进了宪法。这是对国民主权的否定。

　　奥平　这种规定至今是没有过的，都是首次出现。恐怕是至今为止的修改案里最糟糕的条款了。如果是过去的内阁法制局来把关的话，我想大概也会有官僚指出这种规定的不当吧。

　　小森　在修改案的前文也写有"日本国民，要对国家与乡土拥有自豪感，要勇敢地自行去保卫"。通过修改案的前文至第九十九条的全部内容，国防的义务变成了宪法对国民进行的规定。

奥平 而且，所谓的能够想定的紧急事态的状况，也包含领土问题。制作这些条款的人们究竟想定了一些怎样的事态，我真是一点儿都搞不懂。这全部的条文前后具有统一性吗？我倒想反问他们一下。

小森 在安保体制方面，日本唯美是从。美军把自卫队看成是自己的喽啰或者说是美军在亚洲的替身，日本作为独立国家的形象完全被践踏了，对这种状况很多人都已经注意到了。为了掩饰这一点，以"宪法是被强加的"这种形式挑起人们的民族自尊，再加上渲染领土问题导致的危机，不让日本国民看到其真正想要推进的政治事态。从这个意义上讲，自《旧金山和约》以来一直采取的欺骗手法——日美安保体制下实现了高度经济增长，日本不是越来越富足了吗，过了1990年代就不灵了。通过对国民施加恩惠的手段再继续骗下去已经不可能了，接下来只能靠强权推动了。整体上来看

给人的感觉就是，基本上是通过运营剧场型政治，一边煽动国民的

民族情感，一边朝着作茧自缚的方向引导日本。听了您的谈话，我

有这样一个感想。

奥平 这也正是现在我们要追问的。我希望市民们也能够全面

认清这一点。

修改第九十六条所意味的东西

奥平 而且，拥有最为紧要的危机意识，就是要特别认识到第

九十六条面临被修改的危险。作为修改宪法手续要件之一，现行宪

法第九十六条规定"本宪法的修订，必须经各议院全体议员三分之

二以上的赞成，由国会提议"。自民党的修宪案就是想通过将这

"三分之二"修改为"过半数"，来降低在国会发起修宪动议的门

槛。我希望大家能够好好地讨论这个问题，首先要形成一种舆论，

阻止其针对第九十六条进行修改。

小森 2012 年大选，不仅自民党获得了压倒性胜利，而且与

安倍首相在历史认识问题、"从军慰安妇"问题上意见一致的日本维新会也有所抬头。基于第九十六条的门槛太高、所以首先要修改它这一共识，形成了以维新会为首的超党派的国会议员组织，其势力在众议院已经远远超过三分之二议席。在下一次参议院选举时，如果选民们还是做出像这次众议院选举时的选择的话，对于志在修宪的政治势力而言将出现千载难逢的好机会。

奥平　修宪不单单是可能性的问题，我们必须理解其已经成为如此明明白白的政治问题的意义。它将成为宪法整体的问题，哪怕最初仅是第九十六条被修改了，紧接着第九条也会很快被修改。他们当然会宣传说"这只是单纯的手续问题，与特定的条款完全无关"。如何让更多的人认识到这种实际事态的危机感，是紧迫的课题。

小森　现在的 20 岁到接近 40 岁的人中拥有一种"修宪也没什么不好"的意识，这大概是因为他们有着这样一些想法：现在的制度全都不是自己这代人制定的，而是使用养老金的团块世代之前的人制定的，为什么自己这代人就必须受那种体系约束呢？哪怕一次也可以，让我们自己选择一次吧！而且，自己仅做过一次选择所实现的政权交替也无果而终，如今剩下的就只有改变宪法了。也就是说，第九十六条问题有可能成为被从以前的政党政治中排除出去的人的感情发泄口。

如何才能改变那些人的意识呢？别无他法，我们应该准确严谨地阐述可谓第九十六条思想的东西。也就是说，忽视第九十六条就是在与国民主权为敌。宪法如果是束缚国家权力的最高法规的话，它就能够束缚三权。因此，仅凭拥有三权之一的立法权的国会的单纯多数的过半数，就想改变宪法，这无异于对国民主权的践踏。

奥平 确实如此。

小森 大家不能突出强调这个问题的原因，就在于所谓的护宪派中大概也存在不是"自己制定的宪法"这种想法吧。归根结底还是我们如何思考、看待占领体制下制定的宪法这一问题。这个问题，可以说背负着 1960 年安保斗争以后的进行护宪运动的社共、总评阵营内的所有矛盾。这个"三分之二"是非常关键的，这才是保卫国民主权的思想。我一直认为，如果没有更多的人能满怀信心地这样讲的话，那么，我们是不能击退修宪者的。

奥平 作为最简单的理由，我们只要讲"弄成单纯多数反立宪主义"就可以了，但却不能那样讲。不考虑修改什么的问题，只是一个单纯的手续——当修宪者这样讲时，这个理由不好用。有一个"意图做什么"的主要目的，为使其简便易行要进行手续上的修改，如果修宪者以这样一种形式提出修宪案来的时候，我们就能对抗了。因此，这些修宪者是绝对不会说他们是"为了修改第九条"的。但是，如果从至今为止的历史发展脉络来现实地思考一下，就会非常明确，他们要修改的绝对"不仅仅是手续"。修改第九十六条，实质是为了修改第九条创造前提条件。对此，市民们应该有所思考，并必须发声反对才是。

小森 那样的话，就有必要再一次把第九条问题作为国民主权的问题，从思想层面重新进行理解。也就是说，即使是自卫军，既然拥有军队这种组织，在听从国家命令为国牺牲这一点上，其实国民主权已经遭到了践踏。第九条不会允许这样的事情发生。第九条所主张的不保持战争力量和不承认国家的交战权，这两点才是在维护真正意义上的国民主权，是一种不会因国家命令而丢掉生命的体制。我在谈这个问题时，经常是先托词"宪法学不是我的专业"，然后再说"从文学者的角度来讲，这个问题是这样的"。

奥平 如果能像您讲的那种程度断言"第九条就是立宪主义的"就好了。之所以这个国家还需要继续坚持非武装、非战的制度，不仅仅是单纯的在现代"那样做是被允许的"，而且是"必须要那样做的"，这是不容置疑的。实际上宪法就是这样规定的，第九条本身亦是一种哲学理想，若不是有相当的紧急性和必要性，想要将其修改，我觉得修宪者们只能做出荒谬的超宪法的解释。

小森 基于上述这些想法，如果用最通俗易懂的形式向市民们提起这个第九十六条的问题的话，哪些论点比较重要呢？

奥平 我要重复强调一点，想要修改它的提案方一定会说"并

79

非以修改特定条款为前提"来逃避。但是，可以将此作为争论问题的选举，至少参议院之后还有众议院。以在下次众议院选举中让大家将此设为议题为目标，我们能做的就是进行正面诉说：所谓的仅修改第九十六条，实质是为了修改第九条的必要的一环。如果纵容其修改，第九条也将会不保。您觉得这样也可以吗？出乎意料的是，或者说比较幸运的是，宪法研究者在这点上与我们有共识的人明显占多数。

背负着我们的历史的宪法

小森 尽管还非常不充分，此间也积累了一些围绕宪法的判决和判例。从宪法学的角度来看，能否设法将其转化为一种助力呢？

奥平 是啊，首先必须重新认识至今为止的第九条的地位、持续拥有对第九条的信念的历史意义，希望大家能这样做。第九条并非单纯地傻呆呆地就被维护至今，为了维护第九条的审判斗争早在1950年代就已经开始了，而且也有像2008年名古屋最高法院判决那样的例子。那个判决有两层意义，一方面是市民奋起抗争的一种革命性意义，一方面是最高法院的法官们理解了此事的一种意义。对此，我认为应该再度予以评价。

但是，通常让法院允许以国家违反第九条的行为（日本航空自卫队在巴格达周边进行的空运活动）对日本的一般市民的权利（和平的生存权）造成侵害（不法行为）为由，向国家要求进行损害赔偿，这是非常困难的事情。大体而言需要突破两个难关，一个是如何对"和平的生存权"进行概念界定的问题，另一个是关于司法权的概念构成及其制度化的问题。说实在的，我没有能力在这里三言两语地讲清楚这个问题。

说到这里，我觉得依靠现行的法院来护宪也绝不是不重要。让法院承认我们自己的主张，我们将其作为权利，指出国家是在做违法的事情。维护这样一个维权的架构还是有必要的。与此同时，在审理像第九条问题这种政治色彩较浓的内容时，法官往往是通过不断地迂回逃避的方法来应对的，虽然不明确说是违宪，但有时也起到了维护宪法的作用。

比如关于集体自卫权，虽然法院可以判决说这个不违宪，但是，至少最高法院还从未下过这种判断，特别是最高法院不大进行宪法判断。"司法应该更加态度认真地工作"，不但是我们，而且自民党方面也都一直在对法院讲着近似于要求的话。结果，法院不为所动。围绕宪法第九条的作用的判决，日本的宪法审判的特征是太过消极，于是往往会被贴上"司法消极主义"的标签。地方法院是能躲就躲，最高法院也从未做出过违宪判决，针对第九条的问题也从未给哪一方做出过积极的判决。不知其是否有意如此，反正法官们总是把问题的处理委托给国民的讨论，消极地行使判断就是不下结论，至少从结果来看是这样的。我常想是否也可以做这样的一种历史解释。

小森 在战后日本的民主主义中，因为现在的宪法，我们作为主权者怎样与国家对峙的这一全过程，也正是我们将现行宪法化为我们的血肉的历史。对此，我们该如何进行总结呢？另外，那也将作为宪法的思想，也就是说，将成为如何评价战后日本的民主主义的问题。那些说六十年都没有变过、所以该修改一下的人们，究竟是如何总结战后民主主义的呢？难道要认可闯入那场战争的大日本帝国宪法体制吗？所以说宪法认识问题实质就是历史认识的问题。因此，否定历史认识的安倍首相才是想要修改宪法的人。

奥平　确实如此。宪法背负着历史。那段历史已经发生了变化。也可以说变化的主体就是我们。但是，我们也的确为此付出了相应的努力，我们诚心诚意的努力也确实获得了一些成果。决不能再开历史倒车。不了解这些的家伙们，拼命地在开历史的倒车，叫嚷着要修宪。

小森　在自己的人生历程中如何活用宪法的？宪法又是如何形塑自己的人生的？重新追问这些是很重要的。也就是说，所谓宪法也是现在用怎样的形式来选择自己的活法的一种追问。

奥平　例如，关于宪法第二十五条，虽然没有太议论过，但这也是一个非常了不起的条款。这是一个具有很大潜力的、能够有效地进行斗争的条款之一。它告诉你，你拥有"享有健康和文化的最低限度的生活的权利"。如何去享用，则要看你自己的人生规划能力了。

小森　仅是权利得到保障是无法生存下去的，那谁该负这个责任呢？在第二十五条第二款还明确规定了责任的主体是"国家"。[1]因此，2008 年次贷危机以后，国家的责任受到了彻底的追究。小泉政权时，通过修改法律使得制造业都可以进行劳动者派遣，结果增加了派遣者被解雇事件。对此，高举宪法第二十五条与厚生劳动省直接进行交涉的就是 2008 年末至 2009 年初的过年派遣村。虽然那场运动瞬间就结束了，但是分裂的所有工会都进行了支援。这成为 2009 年政权交替的巨大助推力。但是，结果民主党这个政党背叛了执政公约，践踏了这一成果，导致了今天的政局。从这个意义

---

[1]《日本国宪法》第二十五条"生存权，国家社会性使命"：①全体国民都享有健康和文化的最低限度的生活的权利。②国家必须在生活的一切方面为提高和增进社会福利、社会保障以及公共卫生而努力。——译者注

上讲，如果让大家各自重新选择民主主义的主体，你将会做何选择呢？这作为现阶段的宪法思想也必须予以重新认识。

奥平　那样才是真正的"有生命力的宪法 = living constitution"，或者说是"为宪法而生"。

（2013 年 2 月 7 日　于岩波书店）

（张建立　译）

后　记

这本小册子记录了为保卫宪法第九条而成立的"九条会"成员的谈话。这些谈话，令读者体会到战后七十年日本护宪的艰辛，从思想的角度，体会当代知识精英对日本国家发展方向的担忧以及向世间发出的思想呼唤，他们的执着与坚定令人敬佩。

日本在1946年制定并颁布新宪法，其精神核心即主权在民、保障人权、法治与和平主义。新宪法以此昭示新生日本对历史教训的汲取以及对战后国家发展的基本精神，并以此标示日本进入和平民主新时代。

上述四大原则中，最为引人注目的是体现和平主义的放弃战争条款，即宪法第九条。第九条规定：放弃战争，否认军备及交战权。1. 日本国民衷心谋求基于正义与秩序的国际和平，永远放弃以国权发动的战争、武力威胁或武力行使作为解决国际争端的手段。2. 为达到前项目的，不保持陆海空军及其他战争力量。不承认国家的交战权。（此中译文本源自 2006 年 3 月日本驻华大使馆印刷品）

第九条是放弃战争的和平主义誓言，是战后日本宪法精神的标志性特色，宪法因第九条的存在而享有"和平宪法"之美誉。第九条所体现的，既是日本对国家精神追求的宣誓，也是向国际社会发出的承诺。战后日本，也正是由于宪法第九条的存在而获得其自身在国际社会的存在，受到国际社会的信任与正面评价。

战后日本，护宪与修宪的斗争一直没有停息，最大的政治保守势力自民党自结党之初就把修宪作为政治目标，而执政党对国家的政治定位直接影响着修宪进程。日本在完成了以恢复经济强国地位为中心的国家发展阶段后，因自身条件与外部环境变化之间的相互作用，自上个世纪 80 年代中期开始，酝酿国家战略的转型与政策调整。1982 年 11 月自民党中曾根康弘就任首相后明确提出日本要进行"战后政治总决算"，不仅要做经济大国，也要做政治大国；1990 年 5 月日本外务省高官撰文提出日美欧构建"三极体制"共同领导世界的主张；1993 年 5 月自民党小泽一郎著述"日本已经成为世界大国"。"政治大国"、"正常国家"、"国际大国"等概念的提出及其延伸，充分表露了冷战后日本民族保守势力谋求"大国化"的共同政治心态。进入 21 世纪后，随着日本经济增长持续"失去的二十年"以及中国的快速崛起，日本在自身评价与外部评估中显现出越来越强烈的悲情民族主义情绪，与此同时，对既定"大国化"战略目标的追求越来越执着。

日本政治保守势力推进的修宪，其核心是剑指宪法第九条，追求"军事正常化"。主要包括两方面内容，即恢复日本的"安全主权"和发展与日本国家力量和利益诉求相适应的军事能力以及运用这种能力的权限与空间。日本执政者将这种追求解释为"积极的和平主义"。2007年1月安倍在他的著作中大胆提出要对战后体制进行重新认识，要修改宪法；2012年再次执政以来，安倍借助行政权力修改宪法解释，解禁集体自卫权，实际废弃武器出口三原则，进而以既成事实在国会强行通过"新安保法"。至此，日本已经完全背离了宪法第九条的初衷。

在日本，知识精英的护宪运动前赴后继，相继有1946年成立的宪法问题研究会、1956年成立的民主主义科学者协会法律部会、1965年成立的全国宪法研究会、2001年成立的宪法再生论坛、2004年成立的和平宪法第九条之会（简称"九条会"）等。近些年来，站在护宪最前沿且最具行动力的当属"九条会"。"九条会"的发起人为九位著名的知识分子，他们是作家井上夏、哲学家梅原猛、作家大江健三郎、宪法学家奥平康弘、作家小田实、评论家加藤周一、作家泽地久枝、哲学家鹤见俊辅、妇女运动家三木睦子。今天，虽然他们当中有的已经故去，但"九条会"的影响依旧不可小觑。

　　正如大江健三郎先生所言，"九条会"及其为保护和平宪法第

九条所做的一切努力，堪称"始自于绝望的希望"。

　　　　　　　　　　　（中华日本学会会长　李　薇）

图书在版编目(CIP)数据

现在,请选择宪法之魂/〔日〕大江健三郎等著；崔世广等译.
—上海：上海译文出版社,2017.2
（日本当代思想文化译丛）
ISBN 978－7－5327－7370－1

Ⅰ.①现…　Ⅱ.①大…②崔…　Ⅲ.①宪法—研究—日本
Ⅳ.①D931.31

中国版本图书馆 CIP 数据核字(2016)第 231170 号

IMA, KENPO NO TAMASHII O ERABITORU
By Kenzaburo Oe, Yasuhiro Okudaira, Hisae Sawachi, Mutsuko Miki, and Yoichi Komori
© 2013 by Article 9 Association
Originally published 2013 by Iwanami Shoten, Publishers, Tokyo.
This simplified Chinese edition published 2017
by Shanghai Translation Publishing House, Shanghai
by arrangement with the proprietor c/o Iwanami Shoten, Publishers, Tokyo

图字：09－2016－342 号

现在,请选择宪法之魂
〔日〕大江健三郎 等　著　崔世广 等　译
策划编辑/姚东敏　责任编辑/刘岁月　装帧设计/柴昊洲

上海世纪出版股份有限公司
译文出版社出版
网址：www.yiwen.com.cn
上海世纪出版股份有限公司发行中心发行
200001　上海福建中路 193 号　www.ewen.co
启东市人民印刷有限公司印刷

开本 890×1240　1/32　印张 3.25　插页 2　字数 40,000
2017 年 2 月第 1 版　2017 年 2 月第 1 次印刷
印数：0,001－3,000 册

ISBN 978－7－5327－7370－1/C・073
定价：20.00 元